그림으로
알아보는
나만의 **꿈**

진로찾기
프로젝트
1

그림으로 알아보는
나만의 꿈

팝팝진로맵연구소

팝팝북

이 책의 활용법

1 이해하기

다양한 표정 그림을 보며 나의 표정과 기분을 살펴봅니다.

좋아하는 것, 가지고 싶은 것은 무엇이 있는지 그림으로 알아봅니다.

나의 강점은 무엇인지 알아봅니다.

2 탐색하기

꿈을 실현한 존 고다드의 사례를 이야기와 그림으로 알아봅니다.

나만의 꿈 목록을 만들어 봅니다.

다양한 분야에서 성공한 사람들의
이야기를 살펴봅니다.

직업에 대해 알아보고
어떤 직업인이 될지 생각해 봅니다.

3 적용하기

직업흥미유형별 특성에 대해 알아봅니다.

나의 직업적성을 테스트합니다.

꿈을 이룬 미래의 나를 소개해 봅니다.

차례

이 책의 활용법 ······ 4

❶ 자기이해

나의 표정 알기 ················ 10
나의 기분 표현해 보기 ················ 11
기분이 좋아지는 일 ················ 12
성격을 나타내는 단어 ················ 14
단어 퍼즐놀이 ················ 15
나에 대한 칭찬, 친구를 표현하는 단어 ················ 16
나를 소개하는 단어 ················ 17
내가 좋아하는 것 ················ 18
멋진 어른이 되려면 ················ 20
가지고 싶은 것 ················ 22
어른이 된 나의 모습 ················ 24
어른이 된 나의 하루 일과 ················ 25
강점찾기 ················ 26
나의 강점과 약점 ················ 27

❷ 꿈찾기

존 고다드의 꿈 목록 ················ 30
나의 꿈 목록 ················ 33
꿈을 실현한 사람들 이야기 ················ 34
꿈을 실현한 사람들이 노력한 것 ················ 36

내가 닮고 싶은 사람 ················· 37
사라진 직업 ················· 38
직업이란 ················· 42
훌륭한 직업인이 되려면 ················· 44

❸ 꿈과 직업

직업흥미유형 ················· 48
흥미테스트 ················· 50
적성테스트 ················· 56
흥미/적성을 미래와 연결해 보기 ················· 63
직업흥미유형으로 알아보는 직업 ················· 64
내가 알고 있는 직업 ················· 70
소중하게 생각하는 것 ················· 72
가치관과 직업 ················· 73
지구를 떠날 때 가져가고 싶은 것 ················· 74
소중한 것과 직업 연결해 보기 ················· 75
꿈을 이룬 나의 명함 만들기 ················· 76
나의 미래직업 ················· 77
매일매일 해보기 ················· 79
롤링페이퍼 만들기 ················· 86

자기 이해

나의 표정과 성격을
그림과 단어 테스트를 통해 알아보세요.

 나는 지금 어떤 표정을 하고 있나요? 다음 그림 중에서 골라 보세요.

☐ 행복해요 　　☐ 웃어요 　　☐ 울어요

☐ 찡그려요 　　☐ 화내요 　　☐ 슬퍼요

☐ 고민해요 　　☐ 최고예요 　　☐ 사랑해요

나의 기분을 나타내는 표정을 얼굴 그림에 그려 보세요.

어제

오늘

내일

내일 내가 느꼈으면 하는 기분:

02 나는 무슨 일이 있을 때 기분이 좋아지는지 생각해 보세요. 기분이 좋아지는 그림에는 ○을, 그렇지 않은 그림에는 ×를 표시해 보세요.

선물을 받았어요

레고를 해요

친구와 싸워요

맛있는 음식을 먹어요

길에서 넘어졌어요

집에 혼자 있어요

놀이터에서 놀아요

책을 읽어요

그림을 그려요

발표를 해요

엄마가 심부름을 시켜요

혼자서 집을 찾아가요

아래는 성격을 나타내는 단어예요. 단어의 뜻을 생각하며 읽어 보세요.

조용한	솔직한	무뚝뚝한	성급한
느긋한	온순한	씩씩한	세심한
꼼꼼한	친절한	인색한	신중한
서글서글한	친절한	알뜰한	거만한
겸손한	순진한	웃기는	너그러운
끈기있는	소심한	적극적인	소극적인
수줍은	심술궂은	당당한	재치있는
침착한	덜렁대는	고집이 센	뻔뻔한
냉정한	이기적인	욕심이 많은	부정적인
긍정적인	낙천적인	까다로운	도전적인
호기심이 많은	부지런한	여유로운	사랑스러운
정직한	장난기 많은	다정한	예민한
고집이 센	책임감이 강한	배려하는	이해심 많은

다음의 표에서 글자들을 가로, 세로 혹은 사선으로 묶어서 완성되는 단어를 찾아 보세요.

착	라	정	공	는	한	행	소	정	센
한	가	스	직	로	전	만	극	방	심
지	다	마	바	한	상	우	적	조	호
현	기	발	구	도	는	순	인	도	날
명	랑	한	다	지	절	화	있	날	적
무	송	부	지	런	한	광	끝	심	한
구	해	한	끝	영	사	랑	스	러	운
말	정	회	조	기	만	게	류	행	겨
다	차	경	종	카	있	친	절	한	차
적	추	초	씩	씩	한	상	날	기	심

선생님, 친구, 부모님이 나를 칭찬해 주었던 말을 써 보세요.

 친구들을 가장 잘 표현할 수 있는 단어를 써 보세요.

친구 이름	특징
김사랑	다정한

자신에 대해 어떻게 소개하고 싶은가요? 나를 나타내는 단어들을 써 보세요.

03  다음 그림 중에서 내가 좋아하는 것을 모두 골라 보세요.

☐ 엄마

☐ 아빠

☐ 책

☐ 과자

☐ 인형

☐ 레고

☐ 컴퓨터   ☐ 로봇

☐ 공   ☐ 과일

☐ 자전거

 **04** 어떻게 해야 멋진 어른이 될 수 있을까요? 다음 그림 중에서 모두 골라 보세요.

☐ 책 많이 읽기

☐ 일찍 자고 일찍 일어나기

☐ 운동 열심히 하기

☐ 식사 잘하기

☐ 질서 잘 지키기

☐ 아이스크림 많이 먹기

☐ 친구들과 잘 지내기

☐ 시간 잘 지키기

☐ 정리 잘하기

☐ 컴퓨터 게임 많이 하기

☐ 친구들과 싸우기

☐ 위험한 행동 하기

05 다음 그림 중에서 어른이 되면 가지고 싶은 것을 모두 골라 보세요.

☐ 자동차    ☐ 집

☐ 옷    ☐ 보트

☐ 회사    ☐ 친구들

☐ 수영장

☐ 가게

☐ 책

☐ 트로피

☐ 주말농장

어른이 된 나는 어떤 모습일까요? 모두 골라 보세요.

- [ ] 친구들과 사이좋은 어른
- [ ] 회사에 열심히 다니는 어른
- [ ] 보트를 타고 세계 여행을 하는 어른
- [ ] 책도 많이 읽고 공부도 하는 어른
- [ ] 운동을 꾸준히 하는 어른
- [ ] 멋진 자동차를 운전하는 어른
- [ ] 주말농장을 하며 여유롭게 생활하는 어른
- [ ] 누구나 알아볼 정도로 유명해진 어른

멋진 어른이 되기 위해 현재의 내가 잘할 수 있는 것은 무엇인가요?

어른이 된 나의 하루 일과를 상상하며 써 보세요.

오전	
	◆ ◆ ◆ ◆ ◆
오후	
	◆ ◆ ◆ ◆ ◆
저녁	
	◆ ◆ ◆ ◆ ◆

강점찾기

 사람들은 서로 다른 능력을 가지고 있어요. 다음 중 나는 어떤 강점을 가지고 있는지 살펴보세요.

강점	특징
신체운동	몸으로 하는 움직임이나 표현을 잘 따라할 수 있어요. 춤, 운동, 연기 등을 쉽게 익힐 수 있어요.
공간	머릿속으로 그림을 그리며 생각할 수 있어요. 그림 그리기, 만들기, 물건 배치하기, 길을 찾는 데 필요한 능력이에요.
수리·논리	복잡한 수학이나 추리, 과학적 사고를 잘해요. 문제를 해결하고 사건과 사물을 해석하는 능력이에요.
자기이해	자신의 생각과 감정을 잘 알고 조절할 수 있어요. 자신과 관련된 문제를 이해하고 해결하는 데 필요한 능력이에요.
음악	소리에 민감하고 음악적으로 잘 표현할 수 있어요. 노래를 부르고 악기를 연주하며 새로운 곡을 만드는 능력이에요.
언어	말과 글로 생각과 감정을 이해하고 표현하는 능력이에요. 말하기를 좋아하고 이야기를 잘 만들고 글쓰기를 좋아해요.
대인관계	다른 사람의 마음, 감정, 느낌을 잘 이해해요. 다른 사람들과 함께 하는 것을 효과적으로 잘하는 능력이에요.
자연친화	자연을 탐구하는 능력이 뛰어나요. 식물이나 동물, 자연현상에 관심을 가지고 관찰력을 발휘해요.
손재능	손을 사용하는 능력이 뛰어나요. 손으로 하는 일을 좋아하고 물건을 잘 만들어요.
창의력	문제를 자신만의 방법으로 해결하는 능력이에요. 사물이나 사람에 대해 호기심을 가지고 있으며, 새로운 방식으로 문제를 해결해요.

강점을 잘 알고 있으면 자신감을 가질 수 있어요. 나의 강점은 무엇인가요?

약점을 이겨내면 강점이 되기도 해요. 약점을 이겨내기 위해 당장 실천할 수 있는 방법은 무엇인가요?

나의 약점:

이겨낼 수 있는 방법:

 친구의 강점도 한번 살펴보세요.

친구 이름	강점
강산	만들기를 잘하는 것

꿈찾기

존 고다드의 꿈 이야기를 읽으면서
나만의 꿈을 찾아보세요.

존 고다드의 꿈 목록

존 고다드라는 사람은 열다섯 살에 127개의 꿈 목록을 만들었고, 115개의 꿈을 이루었다고 해요. 그중에는 '방울뱀의 독을 짜기'나 '백과사전을 전부 읽는 것'도 포함되어 있답니다.

존 고다드는 탐험할 장소나 배워야 할 것들을 나누어서 목록을 만들었는데 몇 가지를 소개할게요.

 여행할 장소

북극과 남극

중국의 만리장성

갈라파고스 군도

 해낼 일

잠수함 타기

독수리 스카우트 단원 되기

전세계 국가들을 한 번씩 방문하기

 존 고다드처럼 해내고 싶은 것을 생각하고 꿈 목록으로 만들어 보세요.
그림으로 그려도 좋아요.

예   1) 일주일에 한 권씩 책을 읽어요.

2) 놀이공원에서 롤러코스터를 타요.

꿈을 실현한 사람들 이야기

인기 최고의 국민 MC 유재석

개그맨으로 사회생활을 시작한 유재석은 10년 동안 별다른 인기를 끌지 못했어요. 심각한 무대공포증과 개인기 부족으로 힘들었어요. 인내심으로 버티던 유재석에게 MC로 활약할 기회가 왔어요. 그리고 철저한 자기관리, 성실함, 무명시절을 잊지 않는 겸손함으로 대한민국 최고 MC가 되었어요.

한국의 슈바이처 이태석 신부

의사이자 신부였던 이태석은 가난과 전쟁으로 위험했던 아프리카 수단으로 건너가 의료 활동을 했어요. 병원을 지어 나병과 결핵 환자들을 돌보았어요. 아이들을 가르치기 위해 학교를 짓고 악단을 만들어 밴드 활동도 함께 했어요. 암을 선고 받고 투병생활을 하던 중에도 아프리카를 돕는 노력을 했어요. 한국의 슈바이처라는 별명을 얻게 될 정도로 존경 받는 사람이 되었어요.

세계적인 비디오아티스트 백남준

음악과 미술에 관심이 깊었던 백남준은 바이올린을 내리쳐 부수거나 2대의 피아노를 파괴하는 등의 공연을 했어요. 다양한 분야의 예술가들과 함께 작업하며 색다르고 독창적인 세계를 보여 주었어요. 새로운 것을 찾기 위해 공부하고 기술자와 협력하여 텔레비전을 이용한 전시를 했어요. 과학기술을 이용한 전시로 미디어 아트의 스승이라고 불려요.

실력과 인성을 갖춘 축구선수 손흥민

현재 대한민국 축구 국가대표팀 주장을 맡고 있어요. 아시아 선수 최초로 역대 최다 득점을 올려 프리미어 리그 득점왕을 수상했어요. 축구선수였던 아버지에게 어려서부터 축구를 배우기 시작했어요. 탄탄한 기본기를 다지기 위해 혹독한 훈련을 이겨냈을 뿐 아니라 스포츠맨으로서 올바른 자세와 인성을 갖추었어요.

억만장자 기업인이자 자선가 빌 게이츠

빌 게이츠는 초등학교 시절 못 말리는 독서광으로, "오늘날의 나를 만든 것은 동네 도서관이다."라고 말할 정도였어요. 고등학교 시절에는 컴퓨터프로그래밍에 푹 빠져 교통량 데이터 분석 프로그램을 만들어 돈을 벌기도 했어요. 하버드대에 들어갔지만 중퇴하고 컴퓨터 사업에 뛰어들었어요. 그리고 마이크로소프트사를 설립해서 세계적인 부자가 되었어요.

세계적인 물리학자 스티븐 호킹

20세기를 대표하는 물리학자 스티븐 호킹은 어려서부터 책을 읽고 토론하는 것을 즐겼어요. 상상력이 풍부하고 별을 구경하는 것을 좋아했어요. 21살 때 루게릭병으로 2년밖에 못 산다는 시한부 선고를 받았지만 50년을 더 살았어요. 폐렴으로 목소리를 잃고도 음성 합성기를 사용해서 대화를 하고 책까지 썼어요. 블랙홀과 우주론에 중요한 업적을 남겼어요.

침팬지들의 친구, 동물학자 제인 구달

어린 시절부터 동물에 관심이 많아 아프리카에서 동물들과 함께 사는 것이 꿈이었어요. 아프리카에서 침팬지 연구를 시작하면서 꿈을 실현하게 되었어요. 그리고 침팬지가 사냥과 육식을 즐기고 도구를 사용한다는 것까지 알아내는 획기적인 발견을 했어요. 이후에는 전 세계를 돌며 자연과 동물을 사랑하고 보호하는 일에 뛰어들었어요.

꿈을 실현한 사람들은 어떤 노력을 했는지 확인해 보세요.

꿈을 실현한 사람	노력한 점
유재석	자기관리를 철저하게 해요. 상대방을 배려해요.
이태석	어려움에 처한 사람들에게 관심을 기울여요. 어려움을 극복할 방법을 생각하고 실천해요.
백남준	기발하고 독창적인 아이디어를 끊임없이 고민해요. 새로운 것에 도전하는 것을 즐겨요.
손흥민	실력을 갖추기 위해 쉬지 않고 연습해요. 언제 어디서나 겸손함을 잃지 않아요.
빌 게이츠	독서광이라고 불릴 정도로 책을 많이 읽어요. 하고 싶은 일에 도전해요.
스티븐 호킹	희귀병이라는 장애를 극복해요. 과학자라는 꿈을 이루기 위해 끊임없이 공부해요.
제인 구달	동물을 관찰하고 살피는 습관을 가져요. 동물과 자연을 보호하기 위해 노력해요.

내가 닮고 싶은 사람은 누구인가요? 배우고 싶은 점과 나와의 공통점을 써 보세요.

닮고 싶은 사람	
배우고 싶은 점	
나와의 공통점	

닮고 싶은 사람	
배우고 싶은 점	
나와의 공통점	

옛날엔 어떤 직업이 있었을까요?

　직업은 새로 생기기도 하고 변하기도 해요. 우리나라는 2012년부터 2019년까지 8년 동안 5,236개의 직업이 새로 생겨나서 1만 6,891개가 되었다고 해요(한국고용정보원). 과학 기술의 발전과 고령화, 사회환경이 바뀌면서 직업도 변하는 거예요. 이때 없어지는 직업도 있어요.

　세계의 사라진 직업 중에는 이동변소꾼이라는 것도 있어요. 화장실이 없던 시절에 통을 들고 다니면서 사람들에게 일을 보게 해 주었답니다.

또 촛불관리인이라는 직업도 있어요. 요즘처럼 전등이 없던 시절에 조명이 필요한 곳에 촛불을 켜 주는 사람이지요.

직업은 나라마다 과학이나 경제 수준, 기후의 특성, 자원의 종류에 따라 발달하는 종류가 달라요. 공통점은 갈수록 다양해지고 전문화 되어 간다는 것이에요. 식당에 가면 요리하는 사람, 음식 나르는 사람, 계산하는 사람 등 여러 사람들이 함께 일하지요.

 다음 중 지금은 볼 수 없는 직업을 골라 보세요.

(   )

(   )

(   )

(   )

 **02** 다음 중 어떤 나라에서 살아야 행복할까요?

① 직업이 한 가지밖에 없는 나라

② 일하기 싫어하는 사람들만 모인 나라

③ 여러 가지 다양한 일을 열심히 하는 나라

직업이란?

사람들은 살아가기 위해서 음식과 집, 그리고 입을 것이 필요해요. 이러한 것을 얻기 위해서 필요한 것이 직업이에요. 자신에게 맞는 직업, 좋은 직업을 선택하면 기쁨과 행복을 얻을 수 있어요.

 다음 중 어떤 사람이 직업을 잘 선택했나요?

① 일을 하면 피곤하고 지루해요

② 직장에 가는 것이 싫어요

③ 일을 하면 행복해져요

04 다음 중 일을 하고 있는 사람은 누구인가요?

① 도서관에서 만화책을 봐요

② 영화 촬영장에서 감독을 해요

③ 맛있는 케익을 먹어요

 **05** 다음 중 가장 훌륭한 생각을 하는 어린이를 골라 보세요.

① 내가 무엇을 좋아하는지 생각해요

② 어른이 되어서도 놀기만 하는 방법을 생각해요

③ 새로운 장난감이 나올 때마다 살 수 있는 방법을 생각해요

06 다음 중 어떤 어린이가 멋진 직업을 가질 수 있을까요?

① 자연을 열심히 탐구해요

② 컴퓨터 게임을 시간 날 때마다 해요

③ 위험한 불장난을 해요

꿈과 직업

흥미, 적성 테스트를 해보면서
어떤 직업이 나에게 맞을지 생각해 보세요.
소중한 것을 지킬 수 있는 직업은
무엇인지도 생각해 보세요.

01 나는 어떤 나라 사람일까요?
내가 좋아하거나 잘할 수 있는 직업나라를 찾아보세요.

재주나라
(현실형, Realistic)

손재주가 좋고 운동을 잘하는 사람들의 나라

친구나라
(사회형, Social)

사람을 좋아하고 잘 도와주는 사람들의 나라

탐구나라
(탐구형, Investigative)

호기심이 많고 책읽기를 좋아하는 사람들의 나라

도전나라
(기업형, Enterprising)

도전하기를 좋아하고 적극적인 사람들의 나라

창의나라
(예술형, Artistic)

개성이 강하고 상상력이 풍부한 사람들의 나라

꼼꼼나라
(관습형, Conventional)

꼼꼼하고 책임감이 강한 사람들의 나라

 각각의 나라에서 나에게 해당하는 것을 골라 보세요. 어느 나라에 좋아하는 것이 많은지 확인하면 흥미를 알 수 있어요.

☐ 자전거를 타요

☐ 놀이나 운동이 좋아요

☐ 방 안에 있으면 답답해요

☐ 말을 많이 하지 않아요

합계: _____ 개

재주나라

 ☐ 친구 이야기를 들어주어요

 ☐ 친구 사귀기를 좋아해요

 ☐ 어려운 사람을 도와주는 게 좋아요

 ☐ 사람들에게 친절해요

 합계: _____ 개

친구나라

☐ 과학이나 역사책을 좋아해요　　☐ 식물이나 동물을 관찰해요

☐ 호기심이 많아요　　☐ 책 읽기를 좋아해요

탐구나라　　합계: _____ 개

☐ 경쟁할 때 지고 싶지 않아요

☐ 친구들을 잘 웃겨요

☐ 무슨 일이든 앞장서요

☐ 친구들을 모아 놓고 이야기해요

도전나라　　합계: _____ 개

☐ 잘 울고 잘 웃어요

☐ 하기 싫은 일은 하지 않아요

☐ 기발한 생각을 많이 해요

☐ 똑같은 것은 가지고 싶지 않아요

창의나라

합계: _____ 개

 ☐ 용돈을 저축해요

 ☐ 정리정돈을 좋아해요

 ☐ 부모님 말씀을 잘 들어요

 ☐ 하고 싶은 것이 있어도 참아요

 합계: _____ 개

꼼꼼나라

03 내가 잘하는 것을 골라 보세요. 어느 나라에 잘하는 것이 많은지 확인하면 적성을 알 수 있어요.

☐ 만들기를 잘해요

☐ 전자제품 뜯어보기를 잘해요

☐ 운동을 잘해요

합계: _____ 개

재주나라

☐ 아기들을 좋아하고 잘 돌보아요

☐ 양보를 잘해요

☐ 엄마를 잘 도와주어요

친구나라

합계: _____ 개

☐ 동물이나 식물을 잘 관찰해요

☐ 수학이나 과학을 잘해요

☐ 알고 싶어하는 호기심이 강해요

탐구나라   합계: _____ 개

☐ 친구들을 잘 이끌어요

☐ 사람들 앞에서 발표를 잘해요

☐ 벼룩시장에서 물건을 잘 팔아요

도전나라

합계: _____ 개

☐ 그림을 잘 그려요

☐ 음악을 좋아하고 춤을 잘 추어요

☐ 방을 잘 꾸며요

창의나라

합계: _____ 개

☐ 일기를 매일 써요

☐ 내 물건을 잘 챙겨요

☐ 약속을 잘 지켜요

꼼꼼나라 합계: _____ 개

내가 좋아하는 것과 잘하는 것이 많은 나라를 각각 2개씩 써 보세요.

좋아하는 것이 많은 나라:

잘하는 것이 많은 나라:

내가 잘하는 것을 써 보세요.

◆ 성격적으로 좋은 점:

◆ 자신 있는 과목:

◆ 잘하는 놀이:

◆ 친구들에게 잘하는 것:

◆ 우리 반을 위해 잘하는 것:

◆ 부모님께 잘하는 것:

내가 좋아하거나 잘하는 것을 꾸준히 하면 미래에 어떤 일이 일어날지 상상해 보세요.

내가 좋아하거나 잘하는 것	미래에 일어날 일
야구	프로야구 선수가 돼요.
관찰하기	유명한 과학자가 돼요.

04 흥미와 적성 테스트를 통해 내가 어느 나라에 속하는지 알아보았나요?
각 나라의 직업을 확인하면서 나에게 맞는 직업은 무엇인지 생각해 보세요.

재주나라

운동선수	소방관	동물사육사
우주비행사	기관사	건축사
농부	프로게이머	항공기조종사

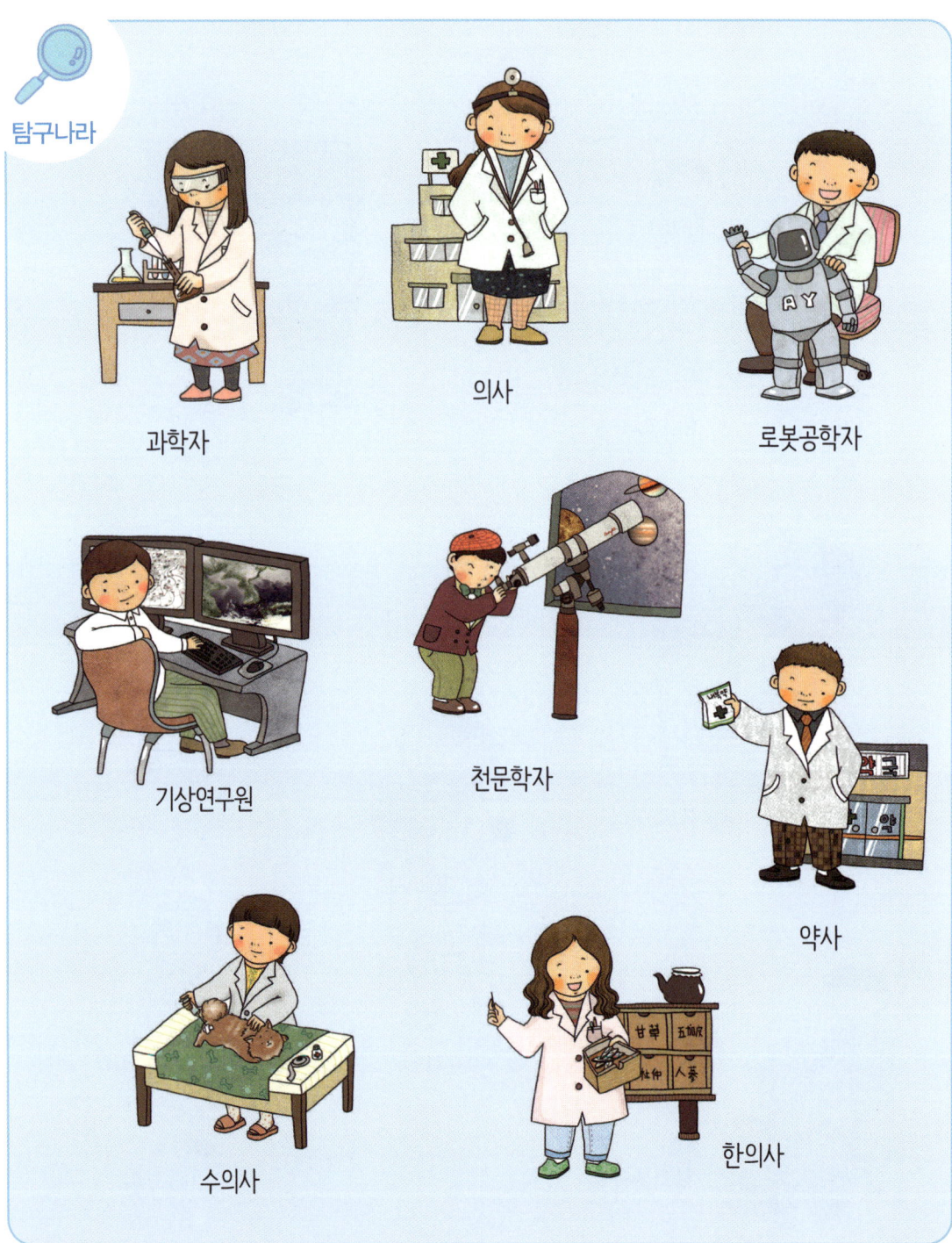

꼼꼼나라

사서
공무원
보석감정사
은행원
항공관제사
비서

05  가족이나 친척의 직업 이름을 써 보세요.

05  가족이나 친척의 직업 이름을 써 보세요.

가족이나 친척의 직업 중 가장 관심이 가는 직업에 대해 써 보세요.

나와의 관계	
직업 이름	
하는 일	
좋은 점	
힘든 점	

나와의 관계	
직업 이름	
하는 일	
좋은 점	
힘든 점	

 다음 그림 중에서 소중하게 생각하는 것을 모두 골라 보세요. 소중하게 생각하는 것은 직업을 선택할 때 기준이 될 수 있어요.

☐ 행복한 우리집(안정성)

☐ 공부를 잘해요(성취감)

☐ 아프지 않아요(삶의 균형)

☐ 부지런해요(자기계발)

☐ 존경을 받아요(사회적 인정)

☐ 우정이 소중해요(소속감)

☐ 남을 도와주어요(사회봉사)

☐ 예쁘고 잘생겼어요(만족감)

☐ 돈이 많아요(보수)

다음 표를 보면서 소중하게 생각하는 것과 직업을 연결해서 생각해 보세요.

가치관	소중하게 생각하는 것	관련 직업
안정성	행복하고 안정적으로 사는 것이 좋아요.	공무원, 교사, 약사 등
성취감	능력을 발휘해서 목표를 달성하고 싶어요.	기업가, 연구원, 프로운동선수 등
삶의 균형	일을 하면서 몸과 마음이 편안한 것이 좋아요.	대학교수, 프리랜서, 기술자 등
자기계발	자신이 성장하고 발전하는 것이 좋아요.	연구원, 디자이너, 화가, 작가 등
사회적 인정	사람들에게 인정과 존경을 받고 싶어요.	대학교수, 판사, 검사, 의사, 아나운서 등
소속감	사람들과 어울려서 일하는 것이 좋아요.	회사원, 사회복지사, 목사, 영업원 등
사회봉사	어려운 사람을 돕고 봉사하는 것이 좋아요.	소방관, 성직자, 사회복지사 등
만족감	흥미와 적성에 맞는 일을 하며 즐겁게 살고 싶어요.	프로운동선수, 연예인, 예술가 등
보수	수입이 많은 일을 하는 것이 좋아요.	프로운동선수, 증권중개인, 투자전문가, CEO

지구를 떠난다면 무엇을 가져가고 싶은가요? 꼭 가져가고 싶은 이유도 써 보세요.

꼭 가져가고 싶은 것	이유

내가 소중하게 생각하는 것을 지킬 수 있는 직업은 무엇인가요?
내가 선택한 직업을 소개해 보세요.

선택한 직업 이름	
이 직업만의 자랑거리	
사람들에게 줄 수 있는 도움	

선택한 직업 이름	
이 직업만의 자랑거리	
사람들에게 줄 수 있는 도움	

아래의 명함처럼 나를 소개하는 명함을 만들어 보세요. 꿈을 이룬 미래의 나에 대해 알려 주세요.

대한민국 출신의 세계적으로 유명한 가수, 히트곡은 무려 100곡이나 있다. 작곡과 작사를 잘할 뿐 아니라 춤도 잘 춘다.

가수 짱이

사는 곳: 서울시 노원구 하계동   전화번호: 02)111-1234

타임캡슐 보관용: 이 기록은 꿈을 이룰 때까지 보관하세요.

나의 미래 직업

작성자 :   나이 :

작성일 :   년   월   일

나의 미래 직업 :

이 직업을 가지고 싶은 이유 :

매일매일 해보기

좋아하는 것, 잘하는 것, 노력할 것을
날마다 한 가지씩 해보세요. 한 가지를 반복해도 좋아요.
결과가 얼마나 만족스러운지 표정 아이콘에 체크해 보세요.

좋아하는 것 매일매일 해보기

좋아하는 것	월 일	월 일
	😊 😐 ☹️	😊 😐 ☹️
좋아하는 것	월 일	월 일
	😊 😐 ☹️	😊 😐 ☹️
좋아하는 것	월 일	월 일
	😊 😐 ☹️	😊 😐 ☹️
좋아하는 것	월 일	월 일
	😊 😐 ☹️	😊 😐 ☹️
좋아하는 것	월 일	월 일
	😊 😐 ☹️	😊 😐 ☹️
좋아하는 것	월 일	월 일
	😊 😐 ☹️	😊 😐 ☹️
좋아하는 것	월 일	월 일
	😊 😐 ☹️	😊 😐 ☹️
좋아하는 것	월 일	월 일
	😊 😐 ☹️	😊 😐 ☹️
좋아하는 것	월 일	월 일
	😊 😐 ☹️	😊 😐 ☹️

월 일	월 일	월 일	월 일
☺ 😐 ☹	☺ 😐 ☹	☺ 😐 ☹	☺ 😐 ☹
월 일	월 일	월 일	월 일
☺ 😐 ☹	☺ 😐 ☹	☺ 😐 ☹	☺ 😐 ☹
월 일	월 일	월 일	월 일
☺ 😐 ☹	☺ 😐 ☹	☺ 😐 ☹	☺ 😐 ☹
월 일	월 일	월 일	월 일
☺ 😐 ☹	☺ 😐 ☹	☺ 😐 ☹	☺ 😐 ☹
월 일	월 일	월 일	월 일
☺ 😐 ☹	☺ 😐 ☹	☺ 😐 ☹	☺ 😐 ☹
월 일	월 일	월 일	월 일
☺ 😐 ☹	☺ 😐 ☹	☺ 😐 ☹	☺ 😐 ☹
월 일	월 일	월 일	월 일
☺ 😐 ☹	☺ 😐 ☹	☺ 😐 ☹	☺ 😐 ☹
월 일	월 일	월 일	월 일
☺ 😐 ☹	☺ 😐 ☹	☺ 😐 ☹	☺ 😐 ☹

잘하는 것 매일매일 해보기

잘하는것	월 일	월 일
	😊 😐 ☹️	😊 😐 ☹️
잘하는것	월 일	월 일
	😊 😐 ☹️	😊 😐 ☹️
잘하는것	월 일	월 일
	😊 😐 ☹️	😊 😐 ☹️
잘하는것	월 일	월 일
	😊 😐 ☹️	😊 😐 ☹️
잘하는것	월 일	월 일
	😊 😐 ☹️	😊 😐 ☹️
잘하는것	월 일	월 일
	😊 😐 ☹️	😊 😐 ☹️
잘하는것	월 일	월 일
	😊 😐 ☹️	😊 😐 ☹️
잘하는것	월 일	월 일
	😊 😐 ☹️	😊 😐 ☹️
잘하는것	월 일	월 일
	😊 😐 ☹️	😊 😐 ☹️

월 일	월 일	월 일	월 일
😊 😐 ☹️	😊 😐 ☹️	😊 😐 ☹️	😊 😐 ☹️
월 일	월 일	월 일	월 일
😊 😐 ☹️	😊 😐 ☹️	😊 😐 ☹️	😊 😐 ☹️
월 일	월 일	월 일	월 일
😊 😐 ☹️	😊 😐 ☹️	😊 😐 ☹️	😊 😐 ☹️
월 일	월 일	월 일	월 일
😊 😐 ☹️	😊 😐 ☹️	😊 😐 ☹️	😊 😐 ☹️
월 일	월 일	월 일	월 일
😊 😐 ☹️	😊 😐 ☹️	😊 😐 ☹️	😊 😐 ☹️
월 일	월 일	월 일	월 일
😊 😐 ☹️	😊 😐 ☹️	😊 😐 ☹️	😊 😐 ☹️
월 일	월 일	월 일	월 일
😊 😐 ☹️	😊 😐 ☹️	😊 😐 ☹️	😊 😐 ☹️
월 일	월 일	월 일	월 일
😊 😐 ☹️	😊 😐 ☹️	😊 😐 ☹️	😊 😐 ☹️

노력할 것 매일매일 해보기

노력할 것	월 일	월 일
	😊 😐 ☹️	😊 😐 ☹️
노력할 것	월 일	월 일
	😊 😐 ☹️	😊 😐 ☹️
노력할 것	월 일	월 일
	😊 😐 ☹️	😊 😐 ☹️
노력할 것	월 일	월 일
	😊 😐 ☹️	😊 😐 ☹️
노력할 것	월 일	월 일
	😊 😐 ☹️	😊 😐 ☹️
노력할 것	월 일	월 일
	😊 😐 ☹️	😊 😐 ☹️
노력할 것	월 일	월 일
	😊 😐 ☹️	😊 😐 ☹️
노력할 것	월 일	월 일
	😊 😐 ☹️	😊 😐 ☹️
노력할 것	월 일	월 일
	😊 😐 ☹️	😊 😐 ☹️

월 일 ☺ 😐 ☹	월 일 ☺ 😐 ☹	월 일 ☺ 😐 ☹	월 일 ☺ 😐 ☹
월 일 ☺ 😐 ☹	월 일 ☺ 😐 ☹	월 일 ☺ 😐 ☹	월 일 ☺ 😐 ☹
월 일 ☺ 😐 ☹	월 일 ☺ 😐 ☹	월 일 ☺ 😐 ☹	월 일 ☺ 😐 ☹
월 일 ☺ 😐 ☹	월 일 ☺ 😐 ☹	월 일 ☺ 😐 ☹	월 일 ☺ 😐 ☹
월 일 ☺ 😐 ☹	월 일 ☺ 😐 ☹	월 일 ☺ 😐 ☹	월 일 ☺ 😐 ☹
월 일 ☺ 😐 ☹	월 일 ☺ 😐 ☹	월 일 ☺ 😐 ☹	월 일 ☺ 😐 ☹
월 일 ☺ 😐 ☹	월 일 ☺ 😐 ☹	월 일 ☺ 😐 ☹	월 일 ☺ 😐 ☹
월 일 ☺ 😐 ☹	월 일 ☺ 😐 ☹	월 일 ☺ 😐 ☹	월 일 ☺ 😐 ☹
월 일 ☺ 😐 ☹	월 일 ☺ 😐 ☹	월 일 ☺ 😐 ☹	월 일 ☺ 😐 ☹

롤링페이퍼 만들기

나는 어떤 사람인지 친구들의 생각을 이곳에 쓰게 해보세요.

_____는(은) 어떤 사람인가요?